# SYLT

## Book To Go

# SYLT

### Der Bildband für die Hosentasche

steffen verlag

4 | Leuchtturm List-Ost auf der Halbinsel »Ellenbogen«

6 | Die Lister Nehrung – wunderschöner Blick nördlich von List

8 | Der Leuchtturm List-West ist das nördlichste Leuchtfeuer Deutschlands.

10 | Heidelandschaft der Westerheide mit reetgedeckten Ferienhäusern bei List

Hauhechel-Bläuling auf der Glockenheide, eine von drei charakteristischen Heidearten auf Sylt, die im Frühling und Sommer die Insel in einen violetten Traum verwandeln.

14 | Schafherde auf der Halbinsel »Ellenbogen«

Küstenseeschwalben kündigen als Zugvögel den Frühling an und brüten u.a. in einem der von Naturschützern bewachten Brutgebiete auf Sylt.

Rund 600 Pferde sind auf Sylter Reiterhöfen zu Hause.

Die Lister Wanderdüne – die größte ihrer Art in Deutschland, die sich jedes Jahr mehrere Meter fortbewegt

20 | Winterliche Dünenlandschaft der Lister Wanderdüne

Winter bei Mellhörn und die zu Eis erstarrte Blidselbucht bei List

24 | Winteridylle – unendliche Weite in klirrender Kälte

26 | Sonnenaufgang im Watt bei List

28 | Am Weststrand im Norden der Insel

Seehunde auf einer der Seehundsbänke vor Sylt. Nordfriesland ist das Zuhause von Seehunden und Kegelrobben, die hier ihre Jungen zur Welt bringen.

32 | Reetdachhäuser an der Nordsee bei Ebbe

Der Königshafen ist Sylts nördlichste Bucht und ein beliebter Ort für Surf- und Kitesportler.

36 | Dreimaster vor List

Erlebniszentrum Naturgewalten Sylt –
Ausstellungs- und Veranstaltungszentrum in List

Eine Ausstellung führt in verschiedene Erlebnisräume des Wattenmeeres ein, informiert über Wetterereignisse, Küstenschutz und erneuerbare Energien.

Die Syltfähre legt in List an.

42 | Seenotrettungsboot im winterlichen Hafen

Start eines Piratentörns für Kinder und Souvenirgeschäft im Hafen von List

Am Hafen von List – Blick vom Fischrestaurant Gosch auf die alte Tonnenhalle

Immer wieder lecker – Matjes im Brötchen oder zu Bratkartoffeln

Sylter Austern mit Zitronen

Austernbänke der Dittmeyer's Austern-Compagnie –
Deutschlands einzige Austernzucht

54 | Wahrzeichen der Insel Sylt: Rotes Kliff bei Kampen

Seestern und Silbermöwe

Das Quermarkenfeuer Rotes Kliff nordwestlich von Kampen

Naturpfad mit Aussichtsplattform bei Kampen

62 | Die Uwe-Düne ist mit 52,5 Metern die höchste Erhebung der Insel.

Traditionelle Häuser auf Sylt: roter Backstein mit Reetdach

Im Kaamp-Hüs im Herzen von Kampen finden Ausstellungen und Tagungen statt. Im Trauzimmer kann geheiratet werden.

Sonnenbad im Café Kupferkanne

70 | Das Rote Kliff im Winter

Werke von Jeff Coons, Armin Morbach und Ruby Anemic in der WERKHALLEN Galerie Kampen

Gemälde in der Galerie Falkenstern Fine Art in Kampen:
Siegward Sprotte – Gruss an A. Alexandrovich Rylov, 1997

Stefan Fass und Liu Yonggang im Skulpturengarten
der Galerie Falkenstern Fine Art in Kampen

Strandbar Buhne 16

Strand von Kampen

Schweinswale vor Sylt – etwa 6000 der vom Aussterben bedrohten Wale leben im Umkreis der Nordseeinsel.

Am Strand von Kampen – sechs Kilometer Sonne, Wind und kühles Nass

Einer von sechs Strandübergängen in Kampen

Spielspaß am Strand

Angeschwemmte Strandfunde – Muscheln und Algen

Luxuseinkaufsmeile Strönwai, auch bekannt als »Whiskymeile« in Kampen

Typische Friesenhäuser in Kampen

Luxus-Shopping in Kampen

Blick auf die Fangpfeife und das Kojenhaus des Naturpfades Vogelkoje. Er gehört heute zu den Sölring Museen. Die Vogelkoje Kampen war die erste Entenfanganlage auf Sylt, erbaut im Jahr 1767.

98 | Braderuper Heide – Naturschutzgebiet zwischen Kampen und Wenningsted

Weg durch die Braderuper Heide zur Zeit der Heideblüte

102 | Braderuper Heide am Wattenmeer nahe Wenningstedt

Fischrestaurant Gosch auf dem Hochufer in Wenningstedt-Braderup

Sonne, Meer und ein freier Strandkorb – Sylter Urlaubsglück!

Frisch gefangene Krabben

Mignon Inselcircus – der Mitmach-Zirkus ist bei Kindern sehr beliebt.

Das begehbare Steinzeitgrab »Denghoog« liegt nördlich der Wenningstedter Friesenkapelle und gehört ebenfalls zu den Sölring Museen.

114 | Am Strand von Westerland

Wellenreiter – bei Wassersportlern steht Sylt hoch im Kurs

118 | Badespaß am Strand von Westerland

Promenade Westerland

122 | Musikmuschel an der Strandpromenade in Westerland

Bronzeskulptur »Save our Seas (S.O.S.)« vom französischen Bildhauer Serge Mangin

Skulpturen »Reisende Riesen im Wind« vom Künstler Martin Wolke
vor dem Bahnhof von Westerland

Stadtkirche St. Nicolai

»Friedhof der Heimatlosen« in Westerland: früher eine Ruhestätte für unbekannte tot aufgefundene Seeleute, heute eine Gedenkstätte

Im Sylt-Aquarium tummeln sich mehr als tausend Meeresbewohner aus der Nordsee und den Tropen.

Erlebnisbad Sylter Welle – Spaß für Groß und Klein

134 | Fußgängerzone von Westerland

Rathaus von Westerland mit Spielbank

Blick in die Friedrichstraße

Haus »Gutenberg« mit Buchhaus & Papeterie Voss und
die »Dicke Wilhelmine« in Westerland

Café Orth – Kaffeehaus und Restaurant

142 | Baden, Muscheln sammeln, entspannen

Romantische Abendstimmung am Strand

Fischernetze im Watt in der Morgendämmerung

148 | Wattenmeer bei Munkmarsch

Boote im Watt und Fischernetze am Strand von Munkmarsch

152 | Hafen Munkmarsch mit Blick auf das Restaurant Fährhaus Sylt

Vogelspuren und Strandgut

Sonnenaufgang bei Munkmarsch

158 | Blick auf Keitum im Osten der Insel

160 | Kirche St. Severin mit Friedhof in Keitum

Das »Altfriesische Haus seit 1640« am Keitumer Watt gehört zu den Sölring Museen und dokumentiert originalgetreu die Lebenswelt der Insulaner.

Blick in die gute Wohnstube ›Pesel‹ des »Altfriesischen Hauses seit 1640«

164 | Friesisch-gemütlich: Das Café »Kleine Teestube« in Keitum besticht durc

Historisches Friesenhaus in Keitum

Gemütliches Feriendomizil

Ein Tagpfauenauge auf einer rosafarbenen Aster

Der Gewöhnliche Teufelsabbiss ist ein wertvoller Nektarlieferant für zahlreiche Schmetterlingsarten.

Tanzaufführungen der Trachtengruppe des Sylter Kultur- und Heimatvereins Sölring Foriining

Durch seine Arbeit pflegt der Verein aktiv u.a. die Sylter Kultur. Dazu zählen die Museen, die Trachtentanzgruppe sowie das Bewahren des sylterfriesischen Dialektes »Sölring«.

Genuss bei frischer Meeresluft

Gehweg beim Sylter Heimatmuseum in Keitum

Das Sylt Museum in Keitum ist eine von vier Einrichtungen der Sölring Museen.

Der Eingang zum Sylt Museum besteht aus Walkieferknochen.

Ringreiten – Neun Turniere finden alljährlich in Keitum, Morsum und Archsum statt.

Mit dem roten DB Autozug »SyltShuttle« erreicht man in einer guten halben Stunde komfortabel die Insel.

Auf einem Deich bei Morsum

184 | Das Morsum Kliff: atemberaubende Ausblicke auf das Wattenmeer

Auf dem Weg zum Morsum Kliff

188 | Kirche St. Martin in Morsum

Hof Galerie Sylt mit Udo-Lindenberg-Lounge und Cafégarten »Ingwersen«

Am Ortseingang von Morsum werden Besucher von fünf lebensgroßen Puppen in einem Eisboot begrüßt. Sie erinnern an die schwierige Versorgung der Sylter im Winter vor dem Bau des Hindenburgdammes.

Reetgedeckte Häuser finden sich überall auf der Insel.

194 | Winterlandschaft in Morsum

196 | Wanderung an der Küste bei Morsum

198 | Salzwiesen bei Rantum

Strandhafer und Europäischer Queller in rötlicher Herbstfärbung

202 | Wattwanderung bei Rantum, im Hintergrund der Leuchtturm von Hörnum

Die Sylter Strandkorbmanufaktur hat ihren Sitz in Rantum und stellt als einzige auf Sylt Strandkörbe her.

Sylt ist ein ideales Ziel für einen Familienurlaub.

Streitende Brandgänse und beliebtes Glücks-Souvenir vom Strand: der »Hühnergott«

Reetdach-Kirche St. Peter in Rantum und Blick auf den Ort

214 | Der »kunst:raum sylt quelle«, eine private Initiative, betreibt eine Galerie

inen Veranstaltungsraum und Künstlerateliers.

216 | Fahrradtour auf dem Damm am Rantumbecken

218 | Goldregenpfeifer – eine von vielen Wattvogelarten, die einen Zwischenstop

auf ihren langen Flugrouten zwischen Afrika und Sibirien machen

220 | Die beliebte Strandbar »Sansibar« zwischen Rantum und Hörnum

222 | Fischerboot an der Küste

224 | Luftaufnahme von Sylt; vorne Hörnum

Krähenbeerenheide

Blick über die mit Krähenbeeren bewachsenen Dünen
auf den Hörnumer Leuchtturm

228 | In den Dünen von Hörnum

Distelfalter und blühende Dünen mit blauen Sandglöckchen, Adlerfarn und gelbem Labkraut

Die »Arche Wattenmeer« im Gebäude der ehemaligen Hörnumer Kirche ist ein beliebtes Nationalpark-Infozentrum der Schutzstation Wattenmeer (e.V.).

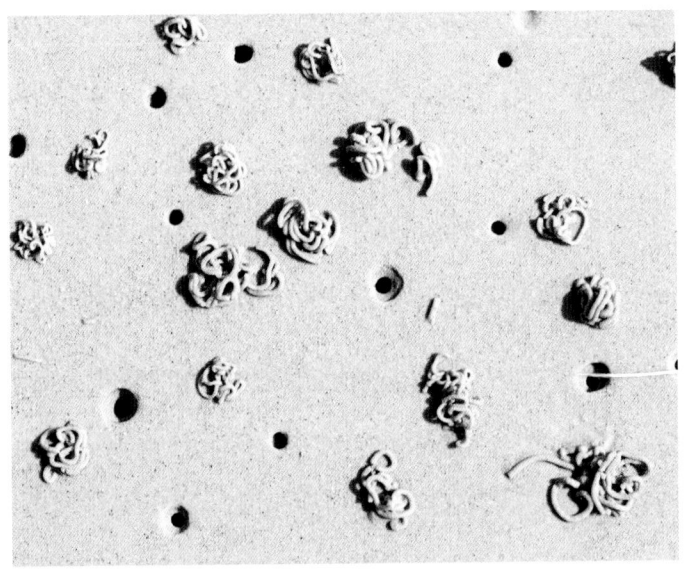

Die Arbeit der Wattwürmer nützt vielen weiteren Lebewesen im Meer.

Wattführung durch eine Mitarbeiterin der Schutzstation Wattenmeer

Kegelrobbe Willi im Hafen von Hörnum und gestrandete Quallen

Beach Polo World Cup

Kirche St. Thomas und Wohn-/Feriensiedlung in Hörnum

242 | Hafen von Hörnum in der Dämmerung

244 | Sylt ist berühmt für seinen Wassersport.

Am Strand von Hörnum

248 | Holzbuhnen im winterlichen Wattenmeer

## Bildnachweis:

Titelbild: Benno Hoff - stock.adobe.com | S. 4 mauritius images/ imageBROKER/ Rolf Fischer | S. 6 mauritius images/ Pitopia/ Dante | S. 8 mauritius images/ Bäck Christian | S. 10 mauritius images/ Günter Gräfenhain | S. 12 mauritius images/ Hemis.fr/ BLANCHOT Philippe | S. 13 mauritius images/ Minden Pictures/ Danny Laps/ NiS | S. 14 mauritius images/ imageBROKER | S. 16 mauritius images/ Arctic-Images | S. 17 mauritius images/ Buiten-Beeld/ Chris Stenger | S. 18 mauritius images/ Westend61/ Ega Birk | S. 19 mauritius images/ Westend61/ Ega Birk | S. 20 mauritius images/ Uwe Steffens | S. 22 mauritius images/ Uwe Steffens | S. 23 mauritius images/ Bäck Christian | S. 24 mauritius images/ age fotostock/ Kristian Cabanis | S. 26 mauritius images/ Rainer Mirau | S. 28 mauritius images/ SuperStock/ Wolfgang Kaehler | S. 30 mauritius images/ Alamy/ Zoonar/Jearu | S. 31 mauritius images/ David und Micha Sheldon | S. 32 mauritius images/ Bäck Christian | S. 34 mauritius images/ Bäck Christian | S. 35 mauritius images/ Travel Collection/ Walter Schmitz | S. 36 mauritius images/ Bäck Christian | S. 38 mauritius images/ Rene Meyer | S. 39 © Robert Waleczek, Mit freundlicher Genehmigung Erlebniszentrum Naturgewalten Sylt gGmbH | S. 40 mauritius images/ imageBROKER | S. 41 mauritius images/ Edith Laue | S. 42 mauritius images/ Bäck Christian | S. 44 mauritius images/ Bäck Christian | S. 46 mauritius images/ Günter Gräfenhain | S. 47 mauritius images/ Peter Lehner | S. 48 mauritius images/ imageBROKER | S. 49 mauritius images/ Hans-Peter Merten | S. 50 mauritius images/ Alamy/ Animaflora PicsStock |

S. 51 mauritius images/ Alamy/ Steidi | S. 52 mauritius images/ Alamy/ jochem wijnands | S. 53 mauritius images/ foodcollection | S. 54 mauritius images/ Alamy/ ThorstenSchier | S. 56 mauritius images/ Alamy/ Bo Valentino | S. 57 mauritius images/ imageBROKER/ Frederik | S. 58 mauritius images/ United Archives/ De Agostini/ V. Giannella | S. 59 mauritius images/ Alamy/ Travelbee | S. 60 mauritius images/ Alamy/ Pawel Kazmierczak | S. 61 mauritius images/ Alamy/ Pawel Kazmierczak | S. 62 mauritius images/ imageBROKER | S. 64 mauritius images/ Uwe Steffens | S. 66 mauritius images/ Alamy/ Pawel Kazmierczak | S. 67 mauritius images/ Hans-Peter Merten | S. 68 mauritius images/ imageBROKER | S. 69 mauritius images/ imageBROKER | S. 70 mauritius images/ imageBROKER | S. 72 © Mit freundlicher Genehmigung WERKHALLEN GALERIE KAMPEN | S. 73 © Mit freundlicher Genehmigung WERKHALLEN GALERIE KAMPEN | S. 74 © Copyright und Fotorechte: Armin Sprotte, Mit freundlicher Genehmigung Galerie Falkenstern Fine Art | S. 75 © Copyright und Fotorechte: Armin Sprotte, Mit freundlicher Genehmigung Galerie Falkenstern Fine Art | S. 76 mauritius images/ Travel Collection/ Schmitz, Walter | S. 77 mauritius images/ Bäck Christian | S. 78 mauritius images/ nature picture library/ Nick Hawkins | S. 79 mauritiusimages/ MindenPictures/ JelgerHerder/ Buiten-beeld | S. 80 mauritius images/ Alamy/ Pawel Kazmierczak | S. 81 mauritius images/ Alamy/ Pawel Kazmierczak | S. 82 mauritius images/ Alamy/ Pawel Kazmierczak | S. 84 mauritius images/ Thomas Hellmann | S. 85 mauritius images/ Alamy/ YAY Media | S. 86 mauritius images/ Alamy/ Kuttig - Travel | S. 88 mauritius images/

Alamy/ lamastock ╎ S. 89 mauritius images/ Alamy/ Jürgen Fälchle ╎ S. 90 mauritius images/ Christina Czybik ╎ S. 91 mauritius images/ Christina Czybik ╎ S. 92 mauritius images/ Alamy/ Pawel Kazmierczak ╎ S. 94 mauritius images/ Alamy/ Jeffrey Isaac Greenberg 4 ╎ S. 95 mauritius images/ Alamy/ Pawel Kazmierczak ╎ S. 96 © Roman Matejov FOTOGRAFI (Insel Sylt Fotograf), Mit freundlicher Genehmigung Sölring Museen (www.soelring-museen.de) ╎ S. 97 © Mit freundlicher Genehmigung Sölring Museen (www.soelring-museen.de) ╎ S. 98 mauritius images/ imageBROKER ╎ S. 100 mauritius images/ Alamy/ Thorsten Schier ╎ S. 101 ©Christa Fischer, Berlin ╎ S. 102 mauritius images/ Günter Gräfenhain ╎ S. 104 mauritius images/ Alamy/ Pawel Kazmierczak ╎ S. 105 mauritius images/ Günter Gräfenhain ╎ S. 106 mauritius images/ Alamy/ Pawel Kazmierczak ╎ S. 107 mauritius images/ Alamy/ Pawel Kazmierczak ╎ S. 108 mauritius images/ imageBROKER ╎ S. 109 mauritius images/ imageBROKER ╎ S. 110 © STUDIO FABIAN HAMMERL, Mit freundlicher Genehmigung Mignon Inselcircus ╎ S. 111 © STUDIO FABIAN HAMMERL, Mit freundlicher Genehmigung Mignon Inselcircus ╎ S. 112 mauritius images/ Uwe Steffens ╎ S. 113 mauritius images/ imageBROKER/ Ingo Schulz ╎ S. 114 mauritius images/ John Warburton-Lee/ Sabine Lubenow ╎ S. 116 mauritius images/ Alamy/ Augustin ╎ S. 117 mauritius images/ imageBROKER ╎ S. 118 mauritius images/ imageBROKER/ Sabine Lubenow ╎ S. 120 mauritius images/ Alamy/ Nikolaus Wilhelm-Stempin ╎ S. 121 mauritius images/ Alamy/ Wolfgang Diederich ╎ S. 122 mauritius images/ Alamy/ Wolfgang Diederich ╎ S. 124 mauritius images/ Bäck Christian ╎

S. 125 mauritius images/ Alamy/ Wolfgang Diederich | S. 126 mauritius images/ imageBROKER | S. 127 mauritius images/ Rainer Mirau | S. 128 mauritius images/ Alamy/ raingod | S. 129 mauritius images/ Peter Lehner | S. 130 © Mit freundlicher Genehmigung Sylt Aquarium | S. 131 © Mit freundlicher Genehmigung Sylt Aquarium | S. 132 mauritius images/ imageBROKER | S. 133 mauritius images/ Travel Collection/ Schmitz, Walter | S. 134 mauritius images/ Bäck Christian | S. 136 mauritius images/ Günter Gräfenhain | S. 137 mauritius images/ Günter Gräfenhain | S. 138 © Buchhaus Voss Sylt | S. 139 mauritius images/ imageBROKER/ Egon Bömsch | S. 140 mauritius images/ Alamy/ Arina Habich | S. 141 mauritius images/ Udo Bernhart | S. 142 mauritius images/ imageBROKER/ Sabine Lubenow | S. 144 mauritius images/ Alamy/ Frank Molter | S. 146 mauritius images/ Alamy/ Travelbee | S. 147 mauritius images/ Bäck Christian | S. 148 mauritius images/ Novarc Images/ Axel Schmies | S. 150 mauritius images/ Bäck Christian | S. 151 mauritius images/ Bäck Christian | S. 152 mauritius images/ imageBROKER | S. 154 mauritius images/ Brigitte Protzel | S. 155 mauritius images/ Klaus Linke | S. 156 mauritius images/ Bäck Christian | S. 158 mauritius images/ Bäck Christian | S. 160 mauritius images/ Alamy/ Lightboxx | S. 162 mauritius images/ Bäck Christian | S. 163 © Roman Matejov FOTOGRAFI (Insel Sylt Fotograf), Mit freundlicher Genehmigung Sölring Museen (www.soelring-museen.de) | S. 164 mauritius images/ Bäck Christian | S. 166 mauritius images/ Bäck Christian | S. 167 mauritius images/ Günter Gräfenhain | S. 168 mauritius images/ Westend61/ Nabiha Dahhan | S. 169 mauritius images/ Alamy/ David Chapman | S. 170 mauritius images/ Novarc Images/ Axel Schmies | S. 171 mauritius images/ Novarc Images/ Axel Schmies | S. 172 mauritius images/ Hans-Peter Merten | S. 173 mauritius images/ Alamy/ Travelbee | S. 174 mauritius images/ Rainer Mirau | S. 175 mauritius images/ Bäck Christian | S. 176 mauritius images/ Rainer Mirau | S. 177 mauritius images/ imageBROKER | S. 178 © Mit freundlicher Genehmigung Sölring Museen (www.soelring-museen.de) | S. 180 mauritius images/ imageBROKER | S. 181 mauritius images/ imageBROKER | S. 182 mauritius images/ imageBROKER | S. 183 mauritius images/ imageBROKER | S. 184 mauritius images/ imageBROKER | S. 186 mauritius images/ Alamy/ Lebus | S. 187 mauritius images/ Alamy/ Pawel Kazmierczak | S. 188 mauritius images/ imageBROKER | S. 190 mauritius images/ Uwe Steffens | S. 191 mauritius images/ Günter Gräfenhain | S. 192 mauritius images/ Bäck Christian | S. 193 mauritius images/ Hans-Peter Merten | S. 194 mauritius images/ Alamy/ Jessel | S. 196 mauritius images/ United Archives/ De Agostini/ V. Giannella | S. 198 mauritius images/ Bäck Christian | S. 200 mauritius images/ imageBROKER/ Günter Flegar | S. 201 mauritius images/ imageBROKER/ Frederik | S. 202 mauritius images/ imageBROKER | S. 204 © Mit freundlicher Genehmigung Sylter Strandkorbmanufaktur | S. 205 © Mit freundlicher Genehmigung Sylter Strandkorbmanufaktur | S. 206 mauritius images/ Alamy/ Augustin | S. 208 mauritius images/ Edith Laue | S. 209 mauritius images/ Alamy/ Animaflora PicsStock | S. 210 mauritius images/ imageBROKER | S. 211 © Christa Fischer, Berlin | S. 212 mauritius images/

Alamy/ Joana Kruse | S. 213 mauritius images/ Günter Gräfenhain | S. 214 mauritius images/ Uwe Steffens | S. 216 mauritius images/ imageBROKER/ Sabine Lubenow | S. 218 mauritius images/ nature picture library/ David Tipling | S. 220 mauritius images/ imageBROKER | S. 222 mauritius images/ Alamy/ Daniela Schroeder | S. 224 mauritius images/ age fotostock/ Hubertus Blume | S. 226 mauritius images/ Uwe Steffens | S. 227 mauritius images/ Uwe Steffens | S. 228 mauritius images/ Bäck Christian | S. 230 mauritius images/ nature picture library/ Rod Williams | S. 231 mauritius images/ Uwe Steffens | S. 232 © D. Schaper, Mit freundlicher Genehmigung Schutzstation Wattenmeer e.V. | S. 233 © K. Laage, Mit freundlicher Genehmigung Schutzstation Wattenmeer e.V. | S. 234 mauritius images/ imageBROKER | S. 235 mauritius images/ Alamy/ Christian Heintzen | S. 236 mauritius images/ imageBROKER | S. 237 mauritius images/ Bäck Christian | S. 238 mauritius images/ Peter Lehner | S. 239 mauritius images/ John Warburton-Lee/ Sabine Lubenow | S. 240 mauritius images/ Uwe Steffens | S. 241 mauritius images/ Bäck Christian | S. 242 mauritius images/ age fotostock/ Raimund Linke | S. 244 mauritius images/ Edith Laue | S. 246 mauritius images/ Peter Lehner | S. 247 mauritius images/ imageBROKER | S. 248 mauritius images/ Uwe Steffens

# Auswahl weiterer Titel dieser Reihe

## Impressum

Die Deutsche Nationalbibliothek verzeichnet diese Publikation
in der Deutschen Nationalbibliografie;
detaillierte bibliografische Daten sind im Internet über
http://dnb.d-nb.de abrufbar.

1. Auflage 2020
© Steffen Verlag GmbH, Berliner Allee 38, 13088 Berlin, Tel. (030) 41 93 50 14
info@steffen-verlag.de, www.steffen-verlag.de

Herstellung: STEFFEN MEDIA, Friedland – Berlin – Usedom, www.steffen-media.de

ISBN 978-3-95799-088-4